Paul Hindemith
1895 – 1963

Sonate

für Violoncello solo
for Violoncello solo

opus 25/3

Maurits Frank zugeeignet

ED 1979
ISMN 979-0-001-03520-0

SCHOTT

www.schott-music.com

Mainz · London · Berlin · Madrid · New York · Paris · Prague · Tokyo · Toronto
© 1923 SCHOTT MUSIC GmbH & Co. KG, Mainz · © 1951 renewed SCHOTT MUSIC Ltd, London · Printed in Germany

Sonate für Violoncello solo

Paul Hindemith
opus 25 No. 3

I

Lebhaft, sehr markiert, Mit festen Bogenstrichen

II

Mäßig schnell, Gemächlich Durchweg sehr leise

III

Langsam

IV

Lebhafte Viertel   Ohne jeden Ausdruck und stets Pianissimo

pp spiccato

ohne Zögern bis zum Schluß

V

Mäßig schnell   Sehr scharf markierte Viertel

ff